배롱꽃

한국의 단시조 039

배롱꽃

윤효 시집

책만드는집

| 시인의 말 |

2년 전, 먹빛 세사에 갇혀 한 철을 보냈다. 팬데믹과 함께 들이닥친 그 소나기를 흠씬 맞아야 했다. 그러던 중 뜬금없이 시조가 찾아왔다. 아니, 시조 같은 것이 찾아왔다고 해야 한다. 시조가 무엇인지 나는 모르기 때문이다. 어쨌거나 그것은 나를 그 질곡에서 벗어날 수 있게 해주었다. 활로였다.

올봄에도 불쑥 그것이 찾아왔다.

두 차례 그렇게 만난 작은 노래들을 여기 모신다.

2025년 7월
윤효

| 차례 |

5 • 시인의 말

1부

15 • 말
16 • 미인송 美人松
17 • 늦가을
18 • 배롱꽃
19 • 산맥
20 • 꽃앓이
21 • 그 한 사람
22 • 열여섯
23 • 첫 편지
24 • 사랑
25 • 고화력
26 • 해질녘

2부

29 • 국토
30 • 불로초가 자라는 땅
31 • 하늘 그림
32 • 별걱정
33 • 계룡산
34 • 차령산맥
35 • 공주
36 • 문명
37 • 전쟁
38 • 시황市況
39 • 간이역
40 • 산불 조심

3부

43 • 한일자
44 • 가풍
45 • 당호堂號
46 • 사곡양조
47 • 은진미륵
48 • 선교장船橋莊
49 • 진경산수
50 • 문중묘원
51 • 점등點燈
52 • 물매화
53 • 엘리베이터
54 • 산 1번지

4부

57 • 봄꽃
58 • 모래시계
59 • 윤두서 자화상
60 • 난설헌집
61 • 규원가
62 • 시
63 • 시조
64 • 단시조
65 • 천명天命
66 • 꽃비늘
67 • 종강
68 • 문장론

5부

71 • 아침에
72 • 엄마 생각
73 • 어머니, 생률을 치시다가
74 • 이팝꽃
75 • 옹알이
76 • 부부론夫婦論
77 • 나 시인 안 해
78 • 혼비백산
79 • 고향
80 • 아버지의 현수막
81 • 안부
82 • 진돗개

6부

85 • 인연
86 • 장마
87 • 상생
88 • 선불당 選佛堂
89 • 개잎갈나무
90 • 쥐똥꽃
91 • 헌화
92 • 앵두꽃
93 • 헛말
94 • 집도 없이
95 • 오점 汚點
96 • 참회

97 • 발문_김일연

1부

말

사람만이 말을 한다 이 말이 참말일까
새소리 무엇이며 바람 소리 무엇일까
밤마다 말 걸어오는 달과 별은 또 어찌고

미인송 美人松

소나무는 외로워도 곁을 주지 않는다
꽃 피고 새 울어도 하늘만을 우러른다
해 지면 제 살 지그시 바늘로 찌르면서

늦가을

어릴 적 놓쳐버린 별똥별이 그립다고
하늘에다 그물 치는 새들에게 말했더니
팽팽히 하늘 끝 밀며 그 별을 데려오네

배롱꽃

지구가 돈다는데 그 누가 알겠어요
당신도 모르지요 내가 안고 도는 줄을
그래도 백 날 천 날을 피어 있을 거예요

산맥

내 마음 무시로 네게로 달려가듯
이 산도 저 산에게 내달렸던 것이다
그 설렘 여태도 남아 너울대는 마루금

꽃앓이

저 응달 서릿발이 너 없이도 풀리다니
어럽쇼 저것 좀 봐 골짝마다 불그레레
이런 날 네가 없으니 산허리만 휘고 있다

그 한 사람

만나자 말해야지 쭈뼛대기 일쑤였죠
보고 싶다 해놓고선 입도 뻥긋 못 했지요
당신도 그러셨지요 그 한 사람 만날 적에

열여섯

조그만 정거장에 몇 년씩 같은 기차
흰 칼라 단발머리 슬몃 보면 아찔하여
밤새 쓴 그 한 줄마저 건네지도 못했던

첫 편지

그 편지 어디 갔지 어디에 두었더라
설레고 부끄러워 눈을 감고 읽었던
열다섯 그 봄 생각에 다시 또 눈을 감네

사랑

열댓 걸음 떨어져 두 나무는 자랐다죠
애 터져도 무심한 척 물끄러미 바라볼 뿐
그러다 바람 핑계로 손을 잡곤 했다지요

고화력

밥 짓기를 배워보니 어렵지 않더군요
자르르 윤기 나게 차릴 수 있겠어요
그것도 고화력으로 당신만을 그리며

해질녘

걷는데, 뒷모습이 눈에 익은 뒷모습이
뭇 밤을 새워가며 진작에 잊었건만
어스름 짙어갈수록 붉게 타는 화등잔

2부

국토

넓은 땅 아니어도 놀라워라 우리 터전
피워내고 키워내고 한겨울은 적막강산
그렇게 텅 비울 줄도 훤히 아는 고단수

불로초가 자라는 땅

물맛이 좋다 해서 마셔보니 그 맛이다
그 맛이 그 맛이지 그 맛이 따로 있나
딴 나라 가고 나서야 알게 되는 이 물맛

하늘 그림

미루나무 들녘에 모내려 물 담은 논
논두렁 액자 속에 하늘도 그려 넣고
저 풍경 건재하시니 배곯는 이 없으리

별걱정

남아도 모자라도 걱정인 게 세상사지
그래도 이 걱정은 낯설어 낯이 설어
말이 돼, 쌀이 남아서 걱정이란 이 걱정

계룡산

빙 둘러 너른 들녘 엄마처럼 감싸안고
냇물도 고루고루 마르지 않게 하고
텅 비는 한겨울에도 먼발치로 섰는 산

차령산맥

눈 뜨면 내달리는 너를 보며 자랐더니
나도 몰래 너를 닮아 해찰 없이 내달렸지
너 알지? 이만치라도 사는 것이 네 덕인 줄

공주

차령터널 지나면 밤나무가 지천이라
가을이면 그 밤으로 떡 찌고 술 빚느라
공주는 잠 못 이룬다 겨울에는 밤 굽느라

문명

전봇대 앞세우고 전기가 들어온 날
온 식구 잠 안 자고 바늘귀도 척척 꿰고
반백 년 다시 살아도 그런 황홀 없으리

전쟁

날마다 작전이다 무전기 틀어쥐고
이어폰 귀에 꽂고 아이들도 긴박하다
전황은, 오늘 하루도 잘 버텼다, 이상무!

시황市況

그 회사 육아용품 매출이 급감했다
그 대신 노인용품 매출이 급증했다
회사야 본전 했지만 쌓여가는 먹구름

간이역

부황리 우리 동네 기차역이 있었어요
연산과 논산 사이 역 이름도 부황역
그 이름 사라졌어도 거기 그냥 부황역

산불 조심

이만 이천 헥타르 지난해 심었는데
이만 오천 헥타르 산불 나서 잿더미로
숫자에 담지 못하고 태운 속은 또 얼마

3부

한일자

붓글씨는 한일자가 제일로 어렵다죠
가로획 달랑 하나 그으면 될 일인데
별일은 별일이지요 사는 일도 그렇다니

가풍

산굽이 골짝마다 절간을 들여놓고
살림은 너희 해라 아무것도 묻지 말고
안거철 챙기든 말든 화두야 들든 말든

당호堂號

설악산 그 큰절 요사채는 적묵당寂默堂
군소리 허튼소리 아예 말란 회초리
그 당호 내 속뜰에도 깊이 새겨 내걸다

사곡양조

마곡사 가는 길에 양조장도 하나 있어
그 뜻을 헤아리니 둘 아닌 줄 알라는 것
사중에 불두화 피니 사하촌엔 찔레꽃

은진미륵

관촉사 은진미륵 어엿한 국보인데
돌기둥 미련퉁이 온갖 구설 시달린다
미륵은 그러건 말건 들녘 사람 굽어볼 뿐

선교장船橋莊

배다리에 지었으니 택호는 선교장
당우마다 일컫기를 활래정活來亭에 열화당悅話堂
지필묵 땅 위에 펼쳐 詩를 써서 거셨네

진경산수

명승을 골라 그린 겸재의 옛 그림과
방방곡곡 발로 그린 고산자의 옛 지도
둘 중에 고르라 하면 진경산수 나는 몰라

문중묘원

칠대조 슬하에 이십삼 위 모이셨네
이백 년 세월쯤은 버선발로 건너시고
또 한 생 살아보자고 부둥켜 안으시네

점등 點燈

고나쥔 몽당연필 삐뚤빼뚤 써 내리면
그렇지 그래그래 울 애기 참 잘 쓰네
호롱불 심지 돋우며 그래그래 그렇지

물매화

사는 줄 모르면서 사는 것이 다행이고
죽는 줄을 모르면서 죽는 것이 다복이다
함백산 들꽃 찾아가 받아 적은 말이다

엘리베이터

술 냄새 나다가도 아침에는 향수내음
승강기도 다 알지 쳇바퀴 도는 날들
아무리 빨리 달려도 거기가 거긴 것을

산 1번지

납작집 포개 앉은 변두리 들머리에
먼 하늘 떠받치고 느티나무 서 있다
객지에 나와 살아도 기죽을 일 하나 없다

4부

봄꽃

봄날에 꽃 보거든 피었다고 하지 마라
붉은 꽃 많은 것도 그래서 그런 거야
봄꽃은 터뜨린 거야 칼바람 밀쳐내고

모래시계

한증막 모래시계 젖혀놓고 눈 감으니
외줄기로 길을 내는 낙타들이 보이시네
바늘귀 빠져나오는 성자들의 저 행렬

윤두서 자화상

공재恭齋의 자화상은 볼 때마다 난감하다
형형한 두 눈빛에 시나브로 빨려들어
끝내는 나도 모르게 눈싸움을 하게 된다

난설헌집

평생 쓴 시 불사르고 누님이 떠나셨다
그 편편 떠올려서 동생이 책을 냈다
빛나는 성좌 하나가 문학사에 그려졌다

규원가

엊그제 젊었더니 하마 어이 다 늙거니
이 노래 누가 썼나 양설兩說이 전해 온다
난설헌 아니었기를 빌어보는 이 마음

시

어릴 적 종달새를 자라서는 못 보았다
뜸북뜸북 뜸북새는 어려서도 본 적 없다
그래도 바람 불 때면 날아드는 그 새들

시조

요즘에 어느 누가 글자 수 따지나요
초중종 장별 배행 그것도 답답해요
혀 차며 어깨도 툭툭 너는 나를 치지만

단시조

황조가 정읍사에 향가에 고려가요
사무쳐 부르다가 석 줄로만 남았네
회오리 일파만파도 졸여내니 한 종지

천명 天命
- 시조시인 김영재

사는 집도 사십오 평 사무실도 사십오 평
게다가 사십오 자 편편이 절창이네
있나 봐, 천명이란 게 삼신할미 그려주신

꽃비늘
- 작은詩앗·채송화 김길녀 동인

네 번째 기일 아침 그의 시집 펼쳤더니
말투며 몸짓까지 행간 가득 살아오네
여울물 차고 오르는 은피라미 꽃비늘

종강
−윤후명 선생 빈소에서

제자들 부르려고 상청을 차리셨네
공부해 쓰지 마라 기승전결 엮지 마라
선생의 소설창작론 이제서야 마치시네

문장론

됐다 싶어 붓을 놓고 산책길 나섰더니
한 걸음 또 한 걸음 생각이 새로 솟네
글이란 발로 쓰는 것 걸으면서 쓰는 것

5부

아침에

찻상에 깎아 올린 오이와 참외 몇 쪽
하나는 시원하고 또 하나는 달콤하네
사는 일, 맵고 쓰고 짠 그 일들을 잠시 잊네

엄마 생각

버튼만 누르면 한달음에 밥이 된다
물 긷고 불 때시던 불현듯 엄마 생각
오늘은 물이 적었나 자꾸만 목이 멘다

어머니, 생률을 치시다가

가시울 방패 삼아 실하게 키우고도
보늬를 껍질 속에 또 한 겹 입혔구나
초목도 다르지 않아, 절절한 이 마음은

이팝꽃

필 때는 안 묻더니 제 딴에도 안됐는지
무더기로 지고 있는 저 꽃 뭐냐 묻는다
이팝꽃 너는 참 나빠 동심이나 울리고

옹알이

인도양 열대우림 그 종족은 누구일까
항해 중 떠내려간 우리 조상 아니실까
족장의 부부를 일러 아바 음마 한다니

부부론 夫婦論

저 건너 꽃나무도 목련이네 백목련
여기 핀 꽃나무도 목련인데 자목련
올해도 제 빛깔 지켜 함께 피는 목련꽃

나 시인 안 해

어느 시인 물었다지 아내에게 물었다지
여태까지 뭐 했냐고 이혼도 안 하고서
부부가 시인이라며 그게 말이 되냐면서

혼비백산

인명은 재천이니 가는 순서 없다느니
뇌까렸던 그 말들이 혀를 차며 흘겨보네
제 아우 먼저 보내고 허둥대는 저 꼴 좀 봐

고향

저물녘 아궁이에 장작을 넣었더니
고소한 불 냄새에 들고양이 찾아들어
부뚜막 솥단지 곁에 추운 몸을 누이네

아버지의 현수막

아파라, 날마다 마주치는 그 현수막
온 겨레 날을 정해 그 따님 찾았으면
일제히 한날한시에 민방위 훈련하듯

안부

툭하면 들려오는 미사일 발사 소식
먼바다 푸른 물결 얼마나 꺾였을까
불벼락 그 불벼락에 물고기는 또 얼마나

진돗개

한 주인만 섬기는 진돗개의 단점 하나
아무리 영리해도 군견으론 부적합
그 병사 전역을 하면 대장 말도 안 들어

6부

인연

지구 표면 칠 할이 물인데 사람 몸도
생명의 신비이고 지극한 인연이다
어련히 헤아렸을까 인간의 푸른 거처

장마

풍뎅이도 다 알고 개망초도 아는 것을
지구의 손님인 줄 사람은 왜 모를까
하늘은 몇 날 며칠을 천둥 치며 울었다

상생

쌀농사 주로 짓는 자바섬 그 부족은
사모작을 마다하고 일모작만 한답니다
대지를 쉬게 하려는 배려라고 합니다

선불당選佛堂

극장 문 나설 때 눈이 부셔 혼났는데
나무마다 어린잎은 어떻게 눈을 뜰까
게다가 눈 뜨면 거기 백척간두 허공인데

개잎갈나무

동대구역 내려서니 휘늘어선 개잎갈
얼마나 더웠으면 히말라야 설송雪松으로
길나무 고른 안목이 여행자를 울리네

쥐똥꽃

이팝꽃 그 흰 꽃을 기다리는 꽃이 있다
까치발 치켜들고 기웃대는 꽃이 있다
빈 쌀독 그득해지면 살그머니 피는 꽃

헌화

찔레며 산딸이며 이팝에 층층나무
초여름엔 나무마다 하얀 꽃이 내걸린다
박차고 새봄 열어준 그 꽃들을 기리며

앵두꽃

고샅길 사금파리 저리도 빛나는데
옆집은 이태 전에 기어이 아랫집도
올봄엔 아이도 없이 앵두꽃만 피었네

헛말

쌀 소비 점점 줄어 시름이 깊다지요
밥 한번 먹자는 말 헛말 되어 그래요
따라서 이 실타래는 농림부는 못 풀어요

집도 없이

열자마자 닫히는 철문에 꽁꽁 갇혀
한생을 붙박이로 아파트에 살았다
양계장 레그혼처럼 갇힌 줄도 모르고

오점 汚點

이번 여행 큰 실수는 낙타 등에 올라탄 일
아무리 생각해도 두고두고 뉘우칠 일
생수병 끼고 살면서 어찌 감히 그 등을

참회

우르르 우르르릉 우르릉쾅 우릉쾅쾅
삽시에 어둑어둑 개울물도 뒤집히고
번쩍, 쾅! 우지끈 쾅 쾅 하늘마저 두 쪽 나고

발문

백척간두 허공에서
눈부심으로 터져 나온 잎, 잎들

김일연 시조시인

"칼바람 밀쳐내고" "백척간두 허공"에서 터져 나온 꽃잎, 꽃잎, 그리고 "어린잎," 어린잎들이 살포시 앉아 있다. 백지 위에 단시조가 앉은 모양이 그것이다. 그 어린잎들은 얼마나 눈부시게 앉아 있는지.

    봄날에 꽃 보거든 피었다고 하지 마라
    붉은 꽃 많은 것도 그래서 그런 거야
    봄꽃은 터뜨린 거야 칼바람 밀쳐내고
                           -「봄꽃」전문

극장 문 나설 때 눈이 부셔 혼났는데
나무마다 어린잎은 어떻게 눈을 뜰까
게다가 눈 뜨면 거기 백척간두 허공인데

-「선불당選佛堂」전문

칼바람 밀쳐내고 "터뜨린" 그 어린잎들은 정말 어린아이 같다. "백척간두 허공"에서 눈을 뜨고 바람이 불면 바람과 놀고 비가 오면 비와 논다. 노박이로 눈비 맞는 숙명을 받아들이고 얼어붙는 추위에 떨면서도 가슴 깊이 간직한 불씨를 살려 붉은 심장으로 터뜨린 꽃과 잎의 저항 의지. 그리고 터뜨리고 나서는 두려움 없는 눈을 뜨고 삶을 즐기는 그 천진성은 니체가 말한 '낙타의 정신, 사자의 정신'을 거친 '아이의 정신'이 아닌가. 그리고 또 함께 놀던 바람이 싸늘해지면 가야 할 순리를 받아들여 견디고 기다릴 줄도 아는 것이니 그 잎들은 어떻게 이런 대덕의 깨달음을 가졌단 말인가. 시조의 정신도 이와 같아 시인의 시조 한 수 한 수는 모두 이런 터뜨림의 본성을 가졌다. 초장과 중장을 거쳐 온 그 종장에서.

황조가 정읍사에 향가에 고려가요
사무쳐 부르다가 석 줄로만 남았네
회오리 일파만파도 졸여내니 한 종지

-「단시조」전문

  짧은 단시조 한 수 안에 "회오리 일파만파"를 "졸여내니" 드디어 맞이한 신생의 기쁨은 터뜨리는 것일 수밖에 없는 것 아니겠는가.

  '시인의 말'에서는 "한 철" "먹빛" 소나기 속에 "뜬금없이 시조가 찾아왔다"고 했다. "아니, 시조 같은 것이 찾아왔다고 해야 한다"고 했다. 오래 시의 길을 닦아오며 '좋은 시란 이런 시이다'라는 본보기를 보여주던 시인께서는 그러나 시조가 "질곡에서 벗어날 수 있게 해"준 "활로"가 되었다고 했다.

    노래 삼긴 사람 시름도 하도 할샤
    일러 다 못 일러 불러나 풀었던가
    진실로 풀릴 것이면 나도 불러보리라

-신흠, 「노래 삼긴 사람」 전문

  시인이 잘 외시던 신흠申欽(1566~1628)의 시조가 생각난다. 많고 많은 시름을 노래로 풀어보리라 했던 신흠처럼 어려운 시절을 통과하던 시인에게도 "시조가 찾아왔다." 노래는 치유의 예술이고 시조는 가장 노래다운 시이므로.

그 한 철 동안 그는 "새소리 무엇이며 바람 소리 무엇"이며 "밤마다 말 걸어오는 달과 별"(「말」)의 소리까지 감지하는, 무슨 기적의 신비체험이라도 한 것일까. 그러나 "뜬금없이" 오는 것은 없다. 시인이 발표하는 짧은 시를 읽으며 시조와 무척 닮았다는 느낌을 받은 적이 많았던 것이다. 시조와 닮은 시를 쓰던 그이의 깔끔하고 고전적인 내면의 문학적 열정은 오랜 시적 명상을 거쳐 문득 참나를 깨달은 것처럼 우리가 "사무쳐 부르"던 시조로 폭발한 것이리라. 망상과 잡념을 깨끗이 씻어낸 '사무사思無邪'가 아니고서야 어찌 그 "백척간두 허공"의 눈부심 속에 눈을 뜰 수 있단 말인가.

이 세상에 나투신 모든 사물과 풍경은 무슨 의미인가. 아름답게 지켜가야 할 것은 무엇인가. 어떻게 살아야 하는가. 그의 시조에는 그런 근본적인 의문들과 대답들이 촌철살인으로 대담하게 담겨 있다. 그럴 수 있는 것은 시조의 형식에 기인한다. 시조는 시와 달리 형식이 있다. 그 형식으로 인하여 완결성이라는 단정하고 고전적인 성격을 가진다. 시조의 형식은 짧아서 담대하며 그 형식 안에 실리는 내용 역시 당연히 거침없고 깊고 직관적이다. 시인이 쓴 시조들은 모두 단수로 된 단시조이다. 전통적인 시조의 유형은 단 한 수로 시상을 완결하는 단시조였다. 서로를 가장 빛나게 해주는, 형식과 내용의 합이 가장 잘 맞는 것이 단시조다. 그것은 시조 문학의 정수이며 본령인 것이다. 이 시조집의 전편이 단시조인 것은 시인이 벌써 이 점을 꿰뚫고 있는 것이며 작금의 시조시인들에게 가하는 일침이기도 하다. 시인은 "시조 같은 것이 찾아왔다"고 겸손하게 말하고 있지만 그의 시조는 더 이상 시조다울 수 없는 시조의 형태를 하고 있으며 그 형태에 실린 뜻은 적묵당에서 수삼 년 수도한 듯 고요하게 깊고 의젓하게 넓다.

설악산 그 큰절 요사채는 적묵당寂默堂
군소리 허튼소리 아예 말란 회초리
그 당호 내 속뜰에도 깊이 새겨 내걸다
-「당호堂號」전문

붓글씨는 한일자가 제일로 어렵다죠
가로획 달랑 하나 그으면 될 일인데
별일은 별일이지요 사는 일도 그렇다니
-「한일자」전문

시조는 짧다, 붓글씨 한일자처럼. 짧으면 짧을수록 단순하면 단순할수록 어려운 것은 당연하다. 짧고 단순한 것은 오점이나 실수를 용납하지 않기 때문이다. 꼭 필요한 말만 해야 하기 때문이고 그 꼭 필요한 말이 무엇인지 심사숙고하는 시간이 필요하기 때문이다. 생각의 누룩이 술이 되는 시간, 봉글봉글 떠오르는 숨이 향긋해지는 시간, 언어가 맑게 가라앉은 적묵당의 시간이 있어야 하기 때문이다. 그런 시간이 필요한 이유는 여백을 만들기 위함이다. 짧은 석 줄 안에 무한 시간과 공간이 들어 있는 여백. 시조는 시원하게 비우면서 그득하게 채워주는 기적을 일으킨다.

> 지구가 돈다는데 그 누가 알겠어요
> 당신도 모르지요 내가 안고 도는 줄을
> 그래도 백 날 천 날을 피어 있을 거예요
> -「배롱꽃」전문

고래로부터, 지구의 방방곡곡으로부터, 그 옛날 원시인이 한 다발 진달래꽃을 무덤 앞에 놓았던 그때, 인간에게 있는 영혼이란 것이 발견된 이후 노래가 있어왔다. 노래는 사람들에게 그들의 뿌리가 어디에 있는지 알게 해주었으며 삶을 사랑하는 법을 알려주었다. 세상의 많은 의미가 사랑에 빗대어졌다. 시가 보여주는 것은 지상의 모든 사랑. 어떤 방식으로든 우리는 사랑하며 살 수밖에 없고 사랑이 깊어지면 깊어질수록 시는 처절해진다. 그리고 그 처절함을 견디기 위해 우리들 약한 인간은 자신을 낮추는 것으로 스스로를 괴롭히기도 한다. 시는 당신을 사랑하기 위해서, 아주 먼 당신을 사랑하는 나를 사랑하기 위해서 써진다. 분수가 물이 무엇인가를 보여주듯이 「배롱꽃」이 보여주는 것은 현실을 초극하여 꽃 피우는 자신이다. 그렇게 꽃 피우는 생명이다. 배롱꽃의 아름다움은, 그 미적 본질은 거기에서 나온다. "……그러나 당신이 언제든지 오실 줄만은 알아요/ 나는 당신을 기다리면서 날마다 날마다 낡아갑니다……." 만해는 「나룻배와 행인」에서 이런 지극한 사랑을 노래했다. "당신을 기다리면서" "날마다 낡아"가는 나룻배처럼 "내가 안고 도는 줄을" "당신"은 "모르지"만 "그래도 백 날 천 날을 피어 있을 거"라고 노래한 윤효 시인의 「배롱꽃」 역시 초월적 사랑이다.

> 내 마음 무시로 네게로 달려가듯
> 이 산도 저 산에게 내달렸던 것이다
> 그 설렘 여태도 남아 너울대는 마루금
>
> —「산맥」 전문

사랑의 기술은 공감과 교감이다. 공감과 교감은 또한 시의 기술이기도 하다. 사랑으로 가득 찬 시인의 마음은 "내 마음 무시로 네게로 달려가듯/ 이 산도 저 산에게" 그랬을 것이라 믿는다. 마치 새소리, 바람 소리, 달과 별의 말에 귀를 기울였던 것처럼 "그 설렘 여태도 남아 너울대는" 산의 마음도 알아주었음이다. 이 시조에서, 이 시조집에서 가장 오랜 여운을 주는 언어는 "너울대는"이다. 우리의 가슴도 마루금의 운율로 너울대게 하고 이 시조집을 살아 있는 충만으로 벅차게 한다.

> 한증막 모래시계 젖혀놓고 눈 감으니
> 외줄기로 길을 내는 낙타들이 보이시네
> 바늘귀 빠져나오는 성자들의 저 행렬
> ―「모래시계」 전문

시인의 상상력은 "한증막 모래시계," 그 흔하고 평범한 사물에서 광막한 사막에 "외줄기로 길을 내는 낙타들"과 그들로 인해 촉발된 "바늘귀 빠져나오는 성자들의" "행렬"을 보여준다. 무척 과격한 이 큰 상상력을 그러나 그리 과격하지 않게 드러내는 데 석 줄이면 되는 것이다. 필요한 게 무엇이냐고 묻는 알렉산더 대왕에게 햇빛이나 가리지 말라고 했다는 디오게네스는 늘 등불을 들고 다니며 '나는 인간을 찾는다'고 했다. 사물과 풍경을 비추는 등불을 늘 들고 다니는 시인의 말은 '나는 깨달음을 찾는다'이다. "바늘귀 빠져나오는 성자들의" "행렬"도 그렇게 찾은 깨달음이다. 시조는 장황한 묘사나 진술이 없어도 깊고 강렬한 공감을 가져오는 직관의 문학이라서 이처럼 묵직한 화두를 우레처럼 내려치기도 한다.

> 공재恭齋의 자화상은 볼 때마다 난감하다
> 형형한 두 눈빛에 시나브로 빨려들어
> 끝내는 나도 모르게 눈싸움을 하게 된다
> ―「윤두서자화상」 전문

> 차령터널 지나면 밤나무가 지천이라
> 가을이면 그 밤으로 떡 찌고 술 빚느라
> 공주는 잠 못 이룬다 겨울에는 밤 굽느라
> ―「공주」 전문

시조는 짧은 시이며 쉬운 시이며 재미있는 시이며 운율이 있어 읽을 만한 시다. 시 안에서 늘 위트와 기지를 발휘하던, 늘 우리 산천에 대한 애정을 보여주던 시인은 시조 안에서도 그 재능을 이렇게 보여준다. 그리고 일견 살펴본 그의 시조들이 갖고 있는 운율도 옹달샘 계곡에서 흐르는 청량한 물소리의 가락과 같아 소리 내어 읽어볼 만하지 않은가.

우리는 좋은 밥을 먹기 위해서 좋은 옷을 입기 위해서 좋은

집에서 잠을 자기 위해서 살지 않는다. 좋은 삶을 살기 위해서 밥을 먹고 옷을 입고 잠을 자는 것이다. 좋은 삶이란 자아의 성취를 누리며 사는 행복한, 가치 있는 삶일 것이다.

이 지독한 과학의 시대에 시의 힘, 시적인 힘은 무엇일까. 가치에 대해 과학은 아무 말도 해줄 수 없다. 문명이 발달할수록, 사람이 줄어들고 AI가 늘어날수록 우리는 고독감, 무력감에 시달리며 더욱 불변하는 가치에 마음을 기대게 된다. 그리고 그럴수록 어떻게 하면 지금, 여기에 완전히 존재할 수 있을까, 로마의 시인 호라티우스(B.C.65~B.C.8)가 2천 년 전에 한 말 '카르페 디엠Carpe diem'을 욕망하게 되는 것이다. 인생이 물거품 같을 때 우리 곁에 마지막까지 있는 것은 시일 것이다. 온갖 욕망과 고통 속에서 정신의 평정과 평화를 간절히 원할 때 우리는 시를 발견한다. 신흠처럼, 시인처럼 시조를 발견한다. 하루하루를 살아내는 힘, 고독감과 무력감을 견디어 초월과 창조로 향하게 하는 힘은 시적인 것, 포이에시스poiesis에 있다. 어머니로부터 떠나와 세상에 내던져졌을 때부터, 머리가 굵어져 고향과 이별했을 때부터 우리는 그리움에서 힘을 얻는다. 봄이 오면 꽃대궐 속에서, 여름의 녹음에서, 가을의 쓸쓸함에서, 겨울이 오고 고요히 눈이 쌓여서 산천이 하얗게 덮이고 몸도 마음도 포근한 것이 그리워지면 언제나 떠오르는 곳, 고향은 시적인 힘이 무진장 쌓여 있는 보물 창고 같은 곳이다.

저물녘 아궁이에 장작을 넣었더니
고소한 불 냄새에 들고양이 찾아들어
부뚜막 솥단지 곁에 추운 몸을 누이네
　　　　　　　　－「고향」전문

　시인이 시조 안에서 닿은 고향은 이처럼 따뜻하고 평안하여 고결하기까지 하다. 삼 장의 구성은 물론 시조의 완성도를 가늠하는 운율도 부자연스러운 데가 없다. 심미적 관조의 상태가 고요한 평정, 마음의 평화, 정신의 고양으로 우리를 이끈다.

　따뜻하고 평안한 곳이 그리울 때, 디아스포라의 슬픔이 밀려올 때, 삶의 어떤 '질곡'이 고통스러울 때 따뜻한 고향으로 시조를 다시 만나시길 바란다. 그리하여 새로운 '활로'를 독자 모두에게도 보여주시기 바란다. 불쑥, 뜬금없이 찾아왔던 이 새로움과 놀라움의 경험이 오랜 기쁨이 되길 기원하며 첫 시조집 『배롱꽃』의 태어남을 반가운 인사로 축하드린다.

배롱꽃

—

초판 1쇄 2025년 7월 10일
지은이 윤효
펴낸이 김영재
펴낸곳 책만드는집

—

주소 서울 마포구 양화로3길 99, 4층 (04022)
전화 3142-1585·6
팩스 336-8908
전자우편 chaekjip@naver.com
출판등록 1994년 1월 13일 제10-927호
ⓒ 윤효, 2025

—

* 이 책의 판권은 저작권자와 책만드는집에 있습니다.
  이 책 내용의 전부 또는 일부를 재사용하려면 양측의 동의를 받아야 합니다.
* 잘못 만들어진 책은 구입하신 서점에서 바꾸어 드립니다.

—

ISBN 978-89-7944-899-3 (04810)
ISBN 978-89-7944-513-8 (세트)